Birgit Adam

Die standesamtliche Trauung

Ideen für ein unvergessliches Fest
60 Top-Standesämter und ausgefallene Locations

FALKEN

Inhalt

Der Bund fürs Leben

Herzlichen Glückwunsch – Sie haben sich entschlossen zu heiraten! Und das zu einer Zeit, in der die Ehe ohne Trauschein gang und gäbe ist. Dabei spricht nach wie vor vieles dafür, den Bund fürs Leben zu schließen. Erster und wichtigster Grund sollte natürlich die Liebe sein, der Wunsch, mit einem Menschen den Rest seines Lebens zu verbringen. Doch wussten Sie schon, dass Heiraten auch gut für die Gesundheit ist? Neuesten Forschungen zufolge leben verheiratete Frauen rund zwei Jahre länger als ledige, bei Männern verlängert ein Ehering die Lebensdauer gar um fast fünf Jahre!

Dabei macht es gar nichts, wenn Sie die Eheschließung „nur" standesamtlich besiegeln wollen: Mehr als 50 Prozent aller Paare verzichten heutzutage auf den kirchlichen Segen. Trotzdem erfordert auch eine standesamtliche Heirat ein gewisses Maß an Vorbereitung: Welche Dokumente Sie für Ihr Jawort benötigen, was es bei der Wahl des Standesamtes zu beachten gilt und welchen Namen Sie in Zukunft führen können finden Sie – neben vielen anderen nützlichen Tipps und Informationen – in diesem Buch.

Keineswegs muss die standesamtliche Trauung eine langweilige, bürokratische Angelegenheit sein: Wie wäre es zum Beispiel mit einer Heirat im Leuchtturm, auf einer Ritterburg oder im Heißluftballon? In einem großen Extrakapitel erfahren Sie, wo Sie eine garantiert unvergessliche Hochzeit feiern können. Haben Sie Mut zu einem individuellen Fest, mit anderen Worten: Trauen Sie sich!

Einen wunderschönen Start ins Eheglück wünscht Ihnen

Birgit Adam

Die wichtigsten Überlegungen

Es ist also so weit!

Sie haben sich entschlossen zu heiraten. Nachdem Sie diesen Entschluss zu zweit gebührend gefeiert haben, ist es nun an der Zeit, Familie und Freunde zu informieren. Und schon prasseln die ersten Fragen und Wünsche auf Sie herein: „Wann soll es denn passieren? Denkt daran, im August bin ich im Urlaub! Feiert ihr so richtig groß oder lieber im Stillen? Vergiss ja nicht, Tante Frieda einzuladen, die ist sonst wirklich beleidigt!

So oder so ähnlich hört es sich an, wenn Sie erst einmal Ihre Heiratsabsichten kundtun. Auf den romantischen Überschwang folgt eine kleine kalte Dusche: So schön es für Verliebte auf der rosaroten Wolke Nummer 7 ist – auch eine standesamtliche Trauung erfordert gründliche Planung. Damit an Ihrem großen Tag auch nichts schief geht, sollten Sie sich rechtzeitig zusammensetzen und das Fest in aller Ruhe planen. Denn schließlich wollen Sie bei Ihrer Hochzeit doch wohl nichts dem Zufall überlassen! Am Anfang Ihrer Überlegungen stehen vier Fragen, die bei der Organisation einer Hochzeit unerlässlich sind:

- Wann heiraten wir?
- Wo heiraten wir?
- Mit wem feiern wir?
- Wie feiern wir?

Es ist Ihr Fest!

Eines sollten Sie bei Ihrer Planung nie aus den Augen verlieren: Es ist Ihre Hochzeit und Sie sollten so heiraten, wie es Ihnen gefällt.

Wann heiraten wir? Der Hochzeitstermin

„Möglichst schnell" wird es Ihnen spontan durch den Kopf schießen, denn meist ist die Vorfreude auf das Fest groß. Natürlich sind Sie die Hauptpersonen an diesem Tag, dennoch heiraten Sie nicht ganz alleine: Es gibt noch andere Menschen, die in Ihre

Terminplanung mit einbezogen werden wollen. Wer will schon seinen Jubeltag ohne seine Liebsten verbringen?

Der „klassische" Hochzeitsmonat ist nach wie vor der Mai, aber auch die anderen Sommermonate Juni, Juli, August und September erfreuen sich immer größerer Beliebtheit. Besonders gerne wird an verlängerten Wochenenden geheiratet, so zum Beispiel am Wochenende nach Christi Himmelfahrt oder Fronleichnam. Diese Termine sind deshalb häufig schon früh ausgebucht. Heiß begehrt sind stets auch Daten mit so genannten Schnapszahlen: Für eine Hochzeit am 9.9.1999 war der Ansturm auf die Standesämter so groß, dass schließlich sogar Radiosender Hochzeitstermine verlosten! Beachten Sie jedoch, dass man sich für die standesamtliche Trauung nur sechs Monate im Voraus anmelden kann. Dennoch kann es für gefragte Restaurants oder besonders romantische Hochzeitskapellen dann unter Umständen schon zu spät sein.

Um sich den begehrten Termin auf dem Standesamt zu sichern, sollten Sie sich also rechtzeitig für die Eheschließung anmelden und dann auch alle nötigen Dokumente parat haben. Bei manchen Standesämtern kann man sich für bestimmte Termine auch vormerken lassen.

Beziehen Sie in Ihre Terminplanung Schulferien, Urlaubszeit oder Betriebsferien mit ein, denn schließlich wollen Sie ja nicht auf

Ihre Eltern oder Ihren besten Freund verzichten, nur weil dieser bereits seinen Familienurlaub auf Mallorca gebucht hat. Informieren Sie also diejenigen Personen, die Sie bei Ihrer Hochzeit unbedingt dabeihaben wollen, rechtzeitig von Ihren Heiratsabsichten und berücksichtigen Sie deren Urlaubspläne.

Für Paare, die am selben Tag standesamtlich und kirchlich heiraten möchten, bieten manche Standesämter auch Samstagstrauungen an. Vorreiter waren hier die Standesämter in Köln, Duisburg und Bonn, mittlerweile sind aber auch viele andere Orte auf diesen Service gekommen. Allerdings wird für eine Samstagstrauung häufig eine höhere Gebühr verlangt. Erkundigen Sie sich bei Ihrem Standesamt danach.

Übernehmen Sie sich nicht!

Kein Mensch kann von Ihnen verlangen, in zwei Wochen ein rauschendes Hochzeitsfest zu organisieren, nur weil gerade ein Termin beim Standesamt frei war. Wenn Sie im großen Stil feiern wollen, sollten Sie sich auch die Zeit für eine gründliche Planung nehmen. Heiraten Sie dagegen ganz spontan, kann auch die Feier ruhig ein bisschen improvisiert wirken!

Wo heiraten wir? Die Wahl des Standesamtes

Die meisten Paare heiraten auf dem Standesamt ihres gemeinsamen Wohnortes oder am Heimatort eines der beiden Partner. So ist es für das Brautpaar am praktischsten, denn Gäste können leicht untergebracht werden und das frisch gebackene Ehepaar kann die Hochzeitsnacht in den eigenen vier Wänden verbringen. Wer allerdings im Urlaub oder auf einer Geschäftsreise ein besonders romantisches Standesamt entdeckt hat oder auf der

Das richtige Restaurant

- *Gibt es eine Terrasse, sodass Sie bei schönem Wetter auch draußen feiern können?*
- *Wie sieht es mit einem Kinderspielplatz aus?*
- *Ist das Restaurant auch für gebrechliche oder behinderte Gäste gut zu erreichen?*
- *Gibt es eine schöne Kulisse für Foto- und Videoaufnahmen?*

Suche nach einem ganz speziellen Rahmen für sein Jawort ist, kann auch anderswo den Bund fürs Leben schließen. Zahlreiche Anregungen und Tipps hierfür finden Sie im Kapitel „Das richtige Standesamt".

Kostenvoranschlag

Lassen Sie sich ruhig einen Kostenvoranschlag für ein Hochzeitsmenü machen. Die meisten Restaurants sind dazu gerne bereit.

Doch nicht nur für die Eheschließung selbst will ein passender Ort gewählt werden, auch das anschließende Fest soll in einer ansprechenden Umgebung stattfinden. Haben Sie vielleicht ein Lieblingsrestaurant oder ein Stammcafé? Auf dem Lande gibt es viele schöne Hochzeitsrestaurants – werfen Sie doch einmal einen Blick ins Branchenverzeichnis! Wenn Sie erst einmal ein Auge auf ein schönes Lokal geworfen haben, sollten Sie es bei einem Testessen besichtigen.

Mit wem feiern wir? Die Gästeliste

Ebenso wichtig wie der Hochzeitstermin und die Wahl des Standesamtes sind natürlich die Gäste. Eine standesamtliche Trauung findet in der Regel nur im kleinen Kreis – also im engsten Familien- und Freundeskreis – statt, vor allem wenn später noch eine kirchliche Trauung folgt. Heiratet ein Paar dagegen nur standesamtlich, so kann auch auf diese eher „nüchterne" Zeremonie ein Fest im großen Stil folgen. Ausschlaggebend ist dabei jedoch allein die Frage, wen Sie an Ihrem Freudentag dabeihaben wollen. Setzen Sie sich in Ruhe zusammen und stellen Sie eine Gästeliste auf – Sie werden staunen, wer sich bald dort wieder findet: Verwandte, Freunde, Kollegen, Geschäftspartner, Nachbarn, Vereinskameraden. Wo soll die Grenzlinie gezogen werden?

Falls die Gästeliste ins Unermessliche wächst oder verschiedene Gruppen absolut nicht zusammenpassen, können Sie die Feier splitten: Zum Polterabend laden Sie zum Beispiel Ihren Bekanntenkreis, die Freunde aus dem Fußballverein oder die Arbeitskollegen ein. Zur eigentlichen Hochzeit dagegen bitten Sie nur Familie, Verwandte und enge Freunde, Ihre Gäste zu sein.

Ebenfalls eine Möglichkeit: direkt nach der Trauung einen Sektempfang für alle auszurichten, zum „richtigen" Hochzeitsfest dagegen nur den kleineren Kreis einzuladen.

Wie feiern wir? Das Hochzeitsfest

Wo Sie feiern, welche Räumlichkeiten Sie wählen, richtet sich nach der Anzahl Ihrer Gäste. Für jeden muss Platz sein, jeder will verköstigt werden. Dazu kommen weitere Fragen:

- Soll auf der Feier getanzt werden?
- Soll die Musik dazu vom Band kommen? Oder werden Musiker engagiert?
- Wollen Sie in der Kutsche oder im Oldtimer vorfahren? Auch diese Fahrzeuge müssen besorgt – d. h. angemietet werden!
- Dürfen die Gäste die Feier mitgestalten?
- Soll ein Moderator den Ablauf des Festes regeln?
- Überfordert Sie die Organisation Ihres Hochzeitsfestes auch nicht? Sonst sollten Sie alles besser in die bewährten Hände eines Freundes, Bekannten oder Verwandten legen oder sogar einem professionellen Hochzeitsservice überlassen.

PRO

Bei all diesen Überlegungen sollte eines auf keinen Fall vergessen werden: das liebe Geld. Bevor Sie Kapellen, Alleinunterhalter, eine vierspännige Kutsche und Ähnliches für Ihr Fest engagieren, sollten Sie klären, wer wofür aufkommt. Heutzutage ist es nicht mehr üblich, dass die Eltern der Braut die gesamte Hochzeit bezahlen. Meist teilen sich die beiden Elternpaare die Kosten und auch das Brautpaar selbst steuert – so weit es die finanzielle Lage erlaubt – einen Teil dazu bei.

Hochzeitsservice

Adressen professioneller Hochzeitsservices finden Sie im Branchenverzeichnis.

Selbst wenn es noch so unromantisch klingt: Stellen Sie einen genauen Kostenplan auf und lassen Sie dabei genügend Spielraum für unvorhergesehene Ausgaben – irgendetwas wird immer teurer als erwartet! In Ihrem Kostenplan sollten Sie unter anderem berücksichtigen:

- Einladungs- und Danksagungskarten (auch Porto)
- Blumenschmuck (Hochzeitsauto, Tischdekorationen, Brautstrauß usw.)
- Gebühren für die standesamtliche Trauung
- Kleidung und Accessoires
- Friseur
- Fotograf
- Hochzeitstorte, Hochzeitsmenü, Getränke, Sektempfang usw.
- Übernachtung für auswärtige Gäste
- Miete für Hochzeitsauto, Kutsche, Taxigebühren

Auch hier gilt wieder: Übernehmen Sie sich nicht! Schließlich soll es nicht gleich zu Streitigkeiten zwischen den frisch gebackenen Eheleuten und deren Familien kommen. Und ein Schuldenberg ist nicht unbedingt ein guter Start ins Eheleben!

Die Formalitäten

Die Anmeldung zur Eheschließung

Seit dem 1. Juli 1998 ersetzt in Deutschland die Anmeldung zur Eheschließung das früher übliche und traditionelle Aufgebot. Im Unterschied zu früher wird nun die Heiratsabsicht nicht mehr eine Woche lang öffentlich ausgehängt. Dieser alte Brauch hatte den Sinn, dass eventuelle Einwände gegen eine Eheschließung rechtzeitig hervorgebracht werden konnten – ein Paar konnte also nicht „heimlich" heiraten. Doch nicht in diesem etwas altmodisch anmutenden Zweck lag der Grund für die Abschaffung des Aufgebots: Dahinter steckt ganz einfach der Datenschutz. Durch den Wegfall des Aufgebots sind nun auch Spontanheiraten möglich. Im Prinzip können Sie also mit Ihren Papieren beim Standesamt aufkreuzen und sofort getraut werden. In der Praxis sind nur wenige Standesbeamte zu solchen Spontanaktionen bereit.

Die Anmeldung zur Eheschließung muss am Wohnort eines der beiden Partner erfolgen, egal ob es sich dabei um den Haupt- oder Nebenwohnsitz handelt. Wollen Sie in einem anderen Standesamt heiraten, so müssen Sie sich trotzdem am Heimatort anmelden, können gleichzeitig aber schon die Überweisung an Ihr Wunschstandesamt beantragen. In der Regel sollten Sie zu zweit zur Anmeldung erscheinen. Ist einer der beiden Partner jedoch verhindert, so kann er seinen Heiratswillen in einer unterschriebenen Erklärung verkünden, die der andere Partner dann zum Standesamt mitnimmt. Das entsprechende Formular erhalten Sie ebenfalls beim Standesamt. Übrigens: Selbst wenn Sie persönlich nicht erscheinen, Ihre Papiere müssen in jedem Fall vollständig da sein!

Welches Standesamt?

Weitere informationen zu den Standesämtern – auch zu besonders schönen – finden Sie im Kapitel „Das richtige Standesamt".

Der Standesbeamte kontrolliert dann Ihre Dokumente auf Vollständigkeit, überprüft Ihre Identität und sieht nach, ob eventuell rechtliche Einwände gegen eine Ehe bestehen. Wenn alles in Ordnung ist, erteilt er Ihnen die Erlaubnis, innerhalb der nächsten sechs Monate zu heiraten. Nicht heiraten dürfen im übrigen Verwandte in gerader Linie oder Geschwister. Eine Adoptivmutter darf dagegen durchaus ihren Adoptivsohn ehelichen: Die Adoption wird durch die Heirat aufgehoben.

Bei der Anmeldung zur Eheschließung können Sie gleich auch den Trautermin festlegen, ebenso den Ehenamen. Ganz umsonst ist auch die Anmeldung zur Eheschließung nicht. Derzeit betragen die Gebühren für eine standesamtliche Trauung 60 DM (bei binationalen Ehen 100 DM), für die Heiratsurkunde werden 12 DM fällig, das Anlegen eines Familienstammbuchs kostet je nach Ausstattung (Leder, Kunstleder oder Ähnliches) ab 40 DM.

Dokumente für die Eheschließung

Ohne Bürokratie geht es bei einer Hochzeit nicht. Wer heiraten möchte, muss zuerst einmal nachweisen, dass er ehefähig ist – und dazu genügt nicht einfach der gute Wille, sondern Sie müssen dem Standesamt einige Dokumente vorlegen. Da die Beschaffung unter Umständen recht aufwendig sein kann, empfiehlt es sich etwa zwölf Wochen vor dem gewünschten Hochzeitstermin beim zuständigen Standesamt nachzufragen.

Der Standardfall

Wenn beide Partner volljährig und deutsche Staatsbürger sind, noch nie verheiratet waren und keine Kinder haben, muss jeder der beiden Partner bei der Anmeldung folgende Dokumente vorlegen, allerdings gibt es hier von Standesamt zu Standesamt Unterschiede:

- Sie brauchen einen gültigen Personalausweis oder Reisepass.
- Dazu kommt ein Nachweis zur Person oder eine Abstammungsurkunde. Wenn Ihre Eltern nach dem 1. Januar 1958 in

Wer darf heiraten?

Grundsätzlich gilt: Um heiraten zu dürfen, muss ein Partner das 18. Lebensjahr vollendet haben, der andere Partner muss mindestens 16 Jahre alt sein. Zwei Minderjährige dürfen dagegen nicht heiraten. Ist ein Partner minderjährig, benötigt er eine Einverständniserklärung der Eltern bzw. der Sorgeberechtigten.

Deutschland geheiratet haben, benötigen Sie dazu eine beglaubigte Abschrift aus dem Familienbuch der Eltern. Diese darf nicht älter als sechs Monate sein und ist beim Standesamt am Wohnort der Eltern erhältlich.

- In anderen Fällen, etwa wenn Ihre Eltern vor dem 1. Januar 1958 oder im Ausland geheiratet haben oder falls Sie nicht ehelich geboren wurden, stellt Ihnen das Standesamt Ihres Geburtsortes eine Abstammungsurkunde aus.
- Sind Sie im Ausland geboren, benötigen Sie eine Geburtsurkunde mit Elternangabe. Gegebenenfalls muss diese von einem vereidigten Dolmetscher ins Deutsche übersetzt werden.
- Ferner benötigen Sie eine Aufenthaltsbescheinigung: Auf ihr sind Familienstand, Staatsangehörigkeit und der aktuelle Wohnsitz vermerkt. Sie erhalten die Aufenthaltsbescheinigung beim Einwohnermeldeamt Ihres Wohnortes. Die einfache Meldebescheinigung genügt für diesen Zweck nicht.
- Falls Sie einen Titel in die Personenstandsbücher eintragen lassen wollen, müssen Sie diese zum Beispiel anhand einer Promotionsurkunde oder eines Diplomzeugnisses belegen.

Jedes Ehepaar erhält nach der Hochzeit das Stammbuch der Familie.

Wenn ein Ehepartner geschieden oder verwitwet ist

Zusätzlich zu den oben genannten Papieren brauchen Sie:
als Geschiedene/r eine beglaubigte Abschrift aus dem Familienbuch der vorangegangenen Ehen bzw. der früheren Heiratsurkunden sowie ein rechtskräftiges Scheidungsurteil. Beide Urkunden erhalten Sie bei dem Standesamt, bei dem die Ehe geschlossen wurde.

Als Verwitwete/r eine beglaubigte Abschrift aus dem Familienbuch der vorangegangenen Ehen bzw. der früheren Heiratsurkunden sowie einen Totenschein oder eine Sterbeurkunde.

Binationale Ehen

Sonderregelungen gelten für Ehen, bei denen einer der Partner nicht die deutsche Staatsangehörigkeit hat. Dies ist mittlerweile immerhin bei jeder zehnten in Deutschland geschlossenen Ehe der Fall. Zunächst einmal sind bei solchen binationalen Ehen dieselben Dokumente nötig, wie bei einer Heirat zwischen zwei Deutschen. Je nach Fall kommt jedoch noch zusätzlicher Papierkram auf Sie zu. Wichtig ist auf jeden Fall, dass Sie von fremdsprachlichen Urkunden immer eine Übersetzung, und zwar eine beglaubigte, am besten durch einen vereidigten Dolmetscher, vorlegen.

Die Papiere

Erkundigen Sie sich auf jeden Fall bei Ihrem zuständigen Standesamt, welche Unterlagen im Einzelfall benötigt werden und kalkulieren Sie unter Umständen einen größeren Zeitaufwand mit ein.

Was brauchen Sie eigentlich?

- Zunächst einmal benötigt der ausländische Partner einen Nachweis seiner Staatsangehörigkeit.
- Darüber hinaus muss er sich beim Standesamt seines Heimatortes ein so genanntes „Ehefähigkeitszeugnis" ausstellen lassen. Dieses Zeugnis bescheinigt ihm, dass eine Heirat nach dem Heimatrecht des Partners legal ist, der Partner also volljährig bzw. ehemündig, voll geschäftsfähig und ledig ist.
- In einigen Ländern, wie zum Beispiel Großbritannien oder China, gibt es dieses Ehefähigkeitszeugnis jedoch nicht. Auch Staatenlose können sich keines ausstellen lassen. In einem solchen Fall können Sie einen Antrag auf „Befreiung vom Beibringen eines Ehefähigkeitszeugnisses" stellen, wie es juristisch korrekt heißt.
- Diese Befreiung stellt das zuständige Oberlandesgericht im Auftrag des Standesamtes aus. Unter Umständen ist dieses Vergnügen allerdings nicht ganz billig: Je nach Fall betragen die Gebühren hierfür zwischen 100 und 1000 DM.

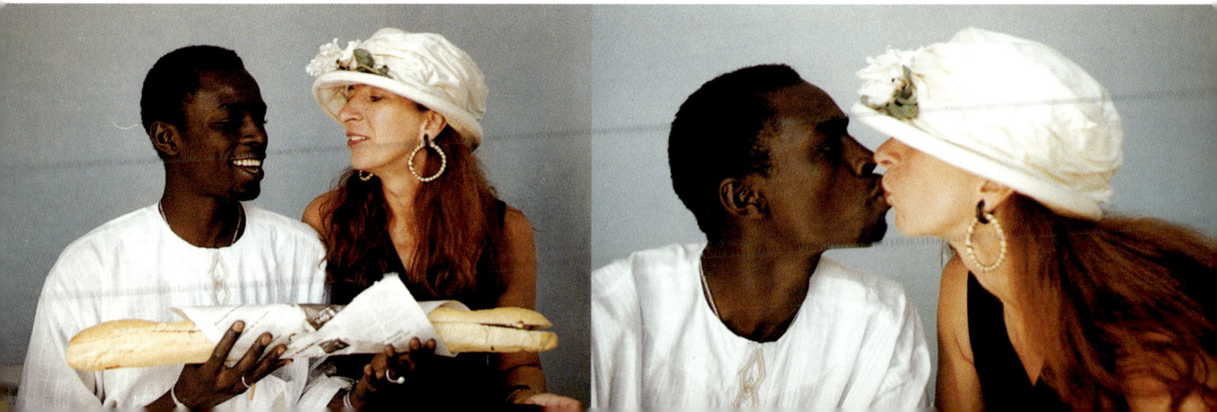

Wenn die Trauungszeremonie beim Standesamt zu nüchtern und zu schnell abläuft, ist eigene Fantasie gefragt – wie bei diesem Paar, das nach der Trauung das erste gemeinsame Brot gegessen hat.

- Selbst wenn Sie kein Ehefähigkeitszeugnis benötigen – um eine Reihe anderer Papiere, wie zum Beispiel eine Ledigkeitsbescheinigung, werden Sie nicht herumkommen.
- Beschließen Sie dagegen, im Heimatland des ausländischen Partners zu heiraten, benötigt wiederum der deutsche Partner ein Ehefähigkeitszeugnis. Dieses erhält er beim Standesamt seines Heimatortes.
- Beachten sollten Sie, dass eine Eheschließung im Ausland in Deutschland nur anerkannt wird, wenn sie auch nach den Gesetzen des entsprechenden Auslandes gültig ist und die Urkunde von einem amtlich zugelassenen Dolmetscher übersetzt wird.

Heirat im Ausland

Bei einer Heirat im Ausland können keine pauschalen Angaben zur künftigen Staatsangehörigkeit des Ehepaares gemacht werden, da die Gesetze von Land zu Land verschieden sind. In einigen Ländern gibt es jedoch die Möglichkeit einer doppelten Staatsbürgerschaft.

Die Staatsbürgerschaft bei binationalen Ehen

Bei einer Heirat in Deutschland behalten beide Partner zunächst ihre Nationalität. Allerdings verkürzt sich durch eine Heirat die Zeitspanne, nach welcher der ausländische Partner die deutsche Staatsangehörigkeit annehmen kann, und zwar um etwa die Hälfte. Die Aufenthaltsdauer beträgt dann nur zwei Jahre – danach kann also der ausländische Partner die deutsche Staatsangehörigkeit beantragen.

Wenn Kinder da sind ...

Kompliziert wird eine Eheschließung, wenn Kinder mit ins Spiel kommen:

- Haben die beiden Partner bereits ein gemeinsames Kind, müssen sie bei der Anmeldung zur Eheschließung eine Abstammungsurkunde ihres Kindes vorlegen.
- Bringt dagegen ein Partner ein Kind aus einer früheren Ehe mit in die neue Ehe, muss er bei dem für die Kinder zuständigen Familiengericht ein so genanntes Vermögensauseinandersetzungszeugnis beantragen. Dieses bescheinigt, dass sich für das Kind durch die neue Heirat keine finanziellen Nachteile ergeben werden.

Wenn Dokumente fehlen

Was passiert nun aber, wenn eines dieser Dokumente fehlt, weil es zum Beispiel bei einem Brand vernichtet wurde? Von den meisten Dokumenten können Sie sich vom zuständigen Standesamt ein Duplikat anfertigen lassen, denn Ihre Geburt oder eine frühere Heirat oder Scheidung sind ja aktenkundig. In Ausnahmefällen genügt auch eine eidesstattliche Erklärung vor einem Notar oder dem Standesbeamten.

Dokumente in Österreich

Grundsätzlich muss man bei einer Eheschließung in Österreich 19 Jahre alt sein. Wer jünger ist, braucht für eine Heirat die Einverständniserklärung seiner Erziehungsberechtigten. Will ein Mann im Alter zwischen 18 und 19 Jahren und ein Mädchen zwischen 15 und 16 Jahren heiraten, müssen sie sich vom Bezirksge-

Checkliste Dokumente

- *Personalausweis oder Reisepass*
- *Abschrift aus dem Familienbuch der Eltern oder Abstammungsurkunde*
- *Aufenthaltsbescheinigung*
- *Evtl. Nachweis über akademischen Grad oder Konfession*

Zusätzlich in Sonderfällen

- *Geschiedene: Heiratsurkunde und Scheidungsurteil*
- *Verwitwete: Heiratsurkunde und Sterbeurkunde*
- *Ausländischer Partner: Nachweis über die Staatsangehörigkeit, Ehefähigkeitszeugnis*
- *Minderjähriger Partner: Einverständniserklärung der Sorgeberechtigten*
- *Bei gemeinsamen Kindern: Abstammungsurkunden der Kinder*
- *Bei Kindern aus früheren Ehen: Vermögensauseinandersetzungszeugnis*

richt für ehemündig erklären lassen. Minderjährige zwischen 18 und 19 Jahren benötigen außerdem noch einen Gerichtsbeschluss über die Volljährigkeitserklärung.

Darüber hinaus müssen heiratswillige Paare in Österreich die folgenden Papiere vorlegen, um ihre Ehefähigkeit nachzuweisen:

- eine beglaubigte Abschrift aus dem Geburtenbuch. Sie ist erhältlich beim Standesamt, an dem die Geburt eingetragen ist, und darf nicht älter als sechs Monate sein. Sind beide Partner im selben Ort geboren und heiraten sie auch dort, so genügen die Geburtsurkunden.
- einen Staatsbürgerschaftsnachweis
- Personalausweis oder Reisepass
- einen Meldenachweis zum Nachweis des ordentlichen Wohnsitzes. Diesen Meldezettel erhalten Sie bei der Gemeindeverwaltung Ihres Wohnsitzes.
- einen Nachweis über gemeinsame Kinder
- einen Nachweis über akademische Grade oder Standesbezeichnungen
- Falls ein Partner geschieden oder verwitwet ist, benötigt er zusätzlich die folgenden Dokumente: Nachweis der Schließung der Vorehe (Heiratsurkunde) und ihrer Auflösung (Scheidungsurteil, Sterbeurkunde oder Ähnliches)

Dokumente für den ausländischen Partner

Genaue Auskünfte zur Eheschließung mit einem ausländischen Staatsbürger erteilen die Standesämter. Der ausländische Partner benötigt hierzu ein Ehefähigkeitszeugnis, das nachweist, dass nach den Rechtsvorschriften des Heimatlandes kein Einwand gegen eine Eheschließung besteht. Fremdsprachige Dokumente müssen in einer beglaubigten Übersetzung vorliegen.

Dokumente in der Schweiz

Die Heiratsbestimmungen in der Schweiz können von Kanton zu Kanton variieren: Grundsätzlich benötigen beide Partner die folgenden Papiere für eine Eheschließung:

- einen Personenstandsausweis: Dieser ist beim Zivilstandsamt des Heimatortes erhältlich.
- einen Niederlassungsausweis oder eine Wohnsitzbescheinigung, die von der Einwohnerkontrolle ausgestellt werden
- Bei gemeinsamen Kindern müssen die Geburtsscheine der Kinder vorgelegt werden.

Joan Collins
were married here
Michael Jordan
24 HR DRIVE UP WEDDING WINDOW
Little White Chapel

Silver Bell
WEDDING CHAPEL
FLORIST
PHOTOS + RINGS
DRESSING RM
EXTRA PARKING AROUND IN REAR

GRACELAND WEDDING CHAPEL
CEREMONIAS EN ESPAÑOL
LICENSE
FLOWERS AVAILABLE
MOTEL

EXIT
Welcomes
WORLD TOURISM
Michael Jordan
were married here
24 HR DRIVE U
WEDDING WIN
A Little White Chapel
DRIVE-UP WEDDING WINDOW

- Wenn ein Partner geschieden oder verwitwet ist, so benötigt er den Eheschein der Vorehe und das Scheidungsurteil oder den Totenschein des Partners. Wurde eine Frau weniger als 300 Tage vor der erneuten Eheschließung geschieden, so braucht sie eine Bewilligung des Gerichtes.
- Ein ausländischer Partner braucht für die Eheschließung einen Geburtsschein mit Angaben über seine Eltern, einen gültigen Reisepass, einen Nachweis seiner Staatsangehörigkeit sowie ein Zeugnis über seinen Zivilstand.

Die Eheverkündung erfolgt sowohl am Wohnort des Brautpaares als auch an den jeweiligen Heimatorten der Partner.

Heirat im Ausland

Hochzeiten an einem Traumstrand in der Südsee oder in einer der berühmten „Wedding Chapels" in Las Vegas werden immer beliebter. Was könnte auch romantischer sein, als ein Jawort unter Palmen, begleitet lediglich vom sanften Rauschen der Wellen, und ein anschließender Spaziergang bei Sonnenuntergang? Noch dazu müssen Sie sich um nichts kümmern: keine lästigen Gäste, die versorgt und untergebracht werden wollen; das Essen zaubert Ihr Hotel ganz von selbst auf den Tisch und die Flitterwochen liegen direkt vor der Haustür! Kein Wunder, dass immer mehr Paare diese Variante der Eheschließung vorziehen!

Natürlich lassen sich mit diesen romantischen Ideen Geld verdienen und so haben sich einige Reiseveranstalter auf „Hochzeitsreisen" im wahrsten Sinne des Wortes spezialisiert. Sie beraten Heiratswillige auch im Hinblick auf die nötigen Papiere. Wer dagegen auf eigene Faust im Ausland heiraten will, benötigt dazu Geburtsurkunde, Reisepass und eventuell auch eine Scheidungsurkunde. Diese Dokumente sollten Sie vor dem Reiseantritt in die Landesprache, zur Not auch ins Englische, übersetzen lassen.

Eine im Ausland geschlossene Ehe wird in der Regel in Deutschland problemlos anerkannt, wenn sie auch im Ausland gültig ist.

Abb. links: Ein ganz besonderes Erlebnis ist die Heirat in einer der „Wedding Chapels" in Las Vegas – mit Flug- und Hotelkosten allerdings auch nicht ganz billig.

Wenn Sie zum Beispiel auf Bali heiraten wollen, muss die Trauung zivil und kirchlich vollzogen werden, um in Deutschland anerkannt zu werden. Außerdem muss die Heiratsurkunde von einem vereidigten Dolmetscher ins Deutsche übersetzt werden. Das Standesamt am Heimatort des frisch gebackenen Ehepaares prüft dann die Eheschließung nach und legt ein Familienbuch an.

Welches Recht gilt nun aber für die geschlossene Ehe? Sind beide Partner Deutsche, so gilt auch das deutsche Eherecht. Bei Partnern mit unterschiedlicher Nationalität gilt das Recht des Landes, in dem das Ehepaar lebt bzw. die meiste Zeit verbringt.

Das richtige Standesamt

Wenn man nicht auf dem Heimatstandesamt heiraten will

Nicht jedes Paar möchte auf dem Standesamt des Heimatortes den Bund fürs Leben schließen. Auch die standesamtliche Trauung soll heutzutage oft eine individuelle Note haben. Ob im Helikopter, im Aquarium oder in einem Märchenschloss: Außergewöhnliche Ideen für Ihren Jubeltag gibt es natürlich eine ganze Menge.

Zunächst gilt es jedoch auch hier einige bürokratische Hürden zu überwinden. Wer nicht am Standesamt seines Heimatortes heiraten möchte, muss sich dennoch dort zur Eheschließung erst einmal anmelden. Ihr zuständiger Standesbeamter wird Sie dann an das Standesamt Ihrer Wahl „überweisen". Deshalb müssen Sie bereits bei der Anmeldung zur Eheschließung das gewünschte Standesamt angeben. Auch hier gilt jedoch: Sie können sich frühestens sechs Monate vor Ihrem Wunschtermin anmelden.

Die Kosten

Die Anmeldegebühr von 60 DM müssen Sie übrigens doppelt entrichten: einmal bei Ihrem Heimatstandesamt und einmal bei Ihrem Wunschstandesamt.

Außergewöhnliche Ideen für Ihre Trauung

Fürstliche Hochzeiten auf Burgen und Schlössern

Heiraten wie im Märchen – welches Brautpaar hegt nicht heimlich diesen Wunsch? Wer sich einmal im Leben wie Prinz und Prinzessin fühlen möchte, kann sich das Jawort in der passenden Umgebung geben. Zahlreiche Schlösser und Burgen warten nur auf Sie!

Zuständiges Standesamt:
Kölner Straße 12
57439 Attendorn
Tel.: 0 27 22/6 41 19

Attendorn: Burg Schnellenberg

Für die Romantiker unter den Brautpaaren bietet die Stadt Attendorn im Sauerland etwas ganz Besonderes: Heiraten auf der Burg Schnellenberg. Das Gebäude wurde um 1200 errichtet und gilt als größte und mächtigste Burganlage in Südwestfalen. Ursprünglich diente sie Erzbischöfen und Kurfürsten als Residenz, heute können Brautleute dort im historischen Museum die Ringe tauschen. Das Kreuzgewölbe mit seinen Säulen stellt eine traumhafte Kulisse für Ihr Jawort dar. Auch am Freitagnachmittag kann man sich hier trauen lassen.

Zuständiges Standesamt:
Stadtplatz 112
84489 Burghausen
Tel.: 0 86 77/88 71 53

Burghausen: Burg

Die Burg von Burghausen in Oberbayern kann einen besonderen Superlativ für sich verbuchen: Sie ist mit einer Länge von 1036 Metern die längste Burganlage Europas. Im 15. und 16. Jahrhundert galt sie zudem als sicherster Ort in Bayern. Genau der richtige Ort für Brautpaare, die sich bei ihrer Trauung vor ungeladenen Gästen schützen wollen! Wer stilecht den Bund fürs Leben schließen möchte, kann sogar in mittelalterlichen Kostümen vor den Standesbeamten treten. Je nach Größe der Hochzeitsgesellschaft wird die Trauung in der Dürnitz (in der Hauptburg, Platz für etwa 150 Personen) oder in der Torwartstube (50 Personen) durchgeführt.

Burg Burghausen – die längste Anlage dieser Art in ganz Europa

Coburg: Bürglass-Schlösschen

Wie ein echtes Königspaar können Sie sich im Bürglass-Schlösschen in Coburg trauen lassen. Im historischen Thronsaal tauschen Sie dort die Ringe. Trauungen werden von Montag bis Samstag durchgeführt.

Zuständiges Standesamt:
Oberer Bürglass 1
Bürglass-Schlösschen
96450 Coburg
Tel.: 0 95 61/89 13 42

Dresden: Barockschloss Moritzburg

Ganz in der Nähe von Dresden liegt die Gemeinde Moritzburg mit ihrem herrlichen barocken Jagdschloss. Für Brautpaare stehen das Augustzimmer oder der Monströsensaal zur Verfügung. Auch samstags kann man sich hier vermählen lassen.

Zuständiges Standesamt:
Schlossallee 22
01468 Moritzburg bei Dresden
Tel.: 03 52 07/8 53 16

Essen: Wasserschloss Borbeck

Bereits um 1360 wurde das Wasserschloss Borbeck errichtet, seine heutige spätbarocke Form hat es allerdings einem Umbau von 1744 zu verdanken. Im kleinen Trauzimmer des Schlosses werden die Träume jedes romantischen Brautpaares wahr! Hauptsache ist, Sie lassen sich durch die vielen Antiquitäten nicht vom Jawort ablenken ...

Zuständiges Standesamt:
Hollestraße 3
45127 Essen
Tel.: 02 01/8 83 34 10

Fulda: Stadtschloss

Garantiert unvergesslich wird Ihr Jawort, wenn Sie es sich im Stadtschloss von Fulda – heute das Rathaus – geben. Mit seinen zahlreichen Kunstwerken, dem Spiegelkabinett und der Sammlung für Porzellan gilt es als hervorragendes Beispiel für den fürst-äbtlichen Lebensstil im Absolutismus. Auch Sie werden sich bei Ihrem Ringtausch wie in einer anderen Welt vorkommen: Stilvolle Seidentapeten und prächtiges Rokokostuckwerk verleihen Ihrer Trauung eine fürstlich-elegante Note.

Zuständiges Standesamt:
Bonifatiusplatz 1–3
30037 Fulda
Tel.: 06 61/1 02 13 70

Glücksburg: Wasserschloss

Welcher Ort eignet sich wohl besser für den Start ins Eheglück als Glücksburg? Im Schloss an der Ostsee – übrigens das schönste Wasserschloss Deutschlands – können Sie vor bis zu 30 Gästen den Schritt ins Glück wagen. Anschließend steht der Saal des Schlosses für ein rauschendes Fest zur Verfügung. Für eine Heirat in Glücksburg wird eine Gebühr von 100 DM fällig.

Zuständiges Standesamt:
Rathausstraße 2
24960 Glücksburg/Ostsee
Tel.: 0 46 31/4 51 29

Zuständiges Standesamt:
Markt 1; 34369 Hofgeismar
Tel.: 0 56 71/9 99-0 42
bzw. Anfragen: Dornröschenschloss
Sababurg; 34369 Hofgeismar
Tel.: 0 56 71/80 80

Hofgeismar:
Dornröschenschloss Sababurg

Schon das Märchen von Dornröschen fand hier ein Happy End – warum also nicht auch Ihre persönliche Liebesgeschichte? Eine wirklich märchenhafte Hochzeit können auch Sie im Dornröschenschloss Sababurg feiern – stechen Sie sich dabei nur nicht an einer Spindel! Ein hundertjähriger Schlaf ist vermutlich das Letzte, das Sie jetzt gerade brauchen, auch wenn Sie sich von den Hochzeitsvorbereitungen noch so erschöpft fühlen. Spaß beiseite: Das mittelalterliche Schloss bietet wirklich einen ganz besonderen Rahmen für Ihren großen Tag. Nachdem Sie sich im Trauzimmer das Jawort gegeben haben, können Sie den Schritt in den neuen Lebensabschnitt mit einem rauschenden Burgfest feiern. Die Inhaber des Burghotels, Familie Koseck, helfen Ihnen gerne bei der Organisation Ihrer Traumhochzeit. Ein so märchenhafter Ort ist natürlich bei Brautpaaren sehr begehrt, deshalb sollten Sie sich frühzeitig anmelden.

Anfragen: Rathaus
Alexandergasse 2
74924 Neckarbischofsheim
Tel.: 0 72 63/60 70

Neckarbischofsheim: Rittersaal

Aus dem 13. Jahrhundert stammt das Alte Schloss in Neckarbischofsheim. Vor der historischen Kulisse des Rittersaales mit seinen knarrenden Balken werden längst vergangene Zeiten wieder lebendig. Wo einst Burgfräulein und edle Rittersleut' miteinander feierten, können Sie heute den Bund fürs Leben schließen. Bei schönem Wetter lässt sich das Fest gut in den Burggarten verlegen.

Zuständiges Standesamt:
Hamburger Straße 5–7
21462 Reinbek
Tel.: 0 40/72 75 02 53

Reinbek bei Hamburg:
Spätrenaissanceschloss Reinbek

Vor den Toren Hamburgs liegt die Stadt Reinbek mit ihrem herrlichen Schloss aus der Spätrenaissance. Das Gebäude wurde 1575 am ehemaligen Standort eines Zisterzienserklosters errichtet. Freitags können sich dort Brautpaare in uralten Gewölben das Jawort geben. Ein idealer Ort für große Gesellschaften, denn fast 200 Gäste finden in Reinbek Platz. In den Sälen des Restaurants kann die Feier dann weitergehen. Zu Spaziergängen und anderen Vergnügungen lädt der Lustgarten des Schlosses ein.

Trier: Schloss Monaise

In der Nähe von Trier an der Mosel liegt das Schloss Monaise in idyllischer Umgebung. An einem Samstag und an zwei Freitagen im Monat können Verliebte hier vor den Standesbeamten treten. Als fürstliche Kulisse dient dazu der Repräsentationsraum des Schlosses.

Zuständiges Standesamt:
Domfreihof 16
54224 Trier
Tel.: 06 51/7 18 13 40

Volkmarsen: Kugelsburg

Nordwestlich von Kassel in Volkmarsen liegt die Kugelsburg, die zu Hochzeitsfeiern mit historischem Flair einlädt. In mittelalterlicher Kulisse können Brautpaare den Bund fürs Leben schließen. Getraut werden Sie von einem Standesbeamten in mittelalterlichem Gewand, angestoßen wird mit einem Kelch Met. Im Anschluss an die Trauung können Sie auf der Burg zünftig weiterfeiern.

Anfragen: Stadt Volkmarsen
Steinweg 29
34471 Volkmarsen
Tel.: 0 56 93/6 87 32

Wiesbaden: Schloss Biebrich

Mit einem Blick auf den Rhein können Verliebte auf Schloss Biebrich vor den Standesbeamten treten. Das barocke Trauzimmer eignet sich besonders für kleine intime Trauungen.

Zuständiges Standesamt:
Rathausstraße 63
65203 Wiesbaden-Biebrich
Tel.: 06 11/31 91 19

Historische Bauwerke und Rathäuser

Es muss ja nicht gleich ein Schloss sein – auch in anderen historischen Bauwerken lässt es sich stilvoll heiraten. Und nicht jedes Standesamt ist in einem modernen Bürogebäude untergebracht: Häufig ist auch das Rathaus gar prächtig anzusehen.

Anfragen: Amtsverwaltung Amrum
25946 Amrum
Tel.: 0 46 82/9 41 10

Amrum: Kapitänshaus
Alte und junge Seebären können sich auf der Nordseeinsel Amrum im passenden Ambiente das Jawort geben. Unter dem Reetdach des alten Kapitänshauses „Öömrang Hüs" wird die Heirat richtig romantisch. Jeweils an zwei Samstagen im Monat können dort zwei Paare vor den Standesbeamten treten.

Zuständiges Standesamt:
Berliner Platz 2
53103 Bonn
Tel.: 02 28/7 70

Bonn: Historisches Rathaus
Im Alten Rathaus in Bonn können Sie stilvoll den Bund fürs Leben schließen. Geheiratet wird im Dienstzimmer der Oberbürgermeisterin – Sie können sich also ganz wie ein wichtiger Staatsgast fühlen. Mit seinen hohen Decken und Fenstern, alten Gemälden und dem prächtigen Kronleuchter verleiht der Raum Ihrem Jawort einen festlichen Rahmen. Selbst eine größere Anzahl von Gästen findet hier gut Platz. Gegen einen Aufpreis von 150 DM können

Abb. links: „Öömrang Hüs" auf Amrum. Das Friesenhaus wurde 1736 erbaut und ist heute Heimatmuseum. Das Trauzimmer bietet etwa 12 Personen Platz; Abb. Mitte: Trauzimmer im Bonner Rathaus; Abb. rechts: Das Hochzeitshaus in Hameln.

Sie auch samstags heiraten. Im Anschluss an die Eheschließung bitten die Brautleute zum Empfang in den Gobelinsaal.

Hameln: Hochzeitshaus

Nicht dem Rattenfänger gehen Sie hier ins Netz, sondern dem Standesbeamten – aber das doch hoffentlich gerne! Das Hochzeitshaus zu Hameln, um 1610 im Stil der Weserrenaissance erbaut, bietet eine hervorragende Kulisse für Ihren Ringtausch.

Zuständiges Standesamt:
Rathausplatz 1
31785 Hameln
Tel.: 0 51 51/20 24 32

Hann. Münden: Hochtiedshus

Aus dem 14. Jahrhundert stammt das Rathaus von Hann. Münden, auch „Hochtiedshus" genannt. Im rechteckigen Saalbau werden seit 500 Jahren verliebte Paare getraut. Begleitet wird die Zeremonie von einem Glockenspiel, das Richard Wagners Hochzeitsmarsch erklingen lässt.

Zuständiges Standesamt:
Rathaus/Lotzestraße 2
34346 Hann. Münden
Tel.: 0 55 41/7 53 17

Heidelberg: Rathaus

Als das Schönste in ganz Deutschland gilt das Trauzimmer im Heidelberger Rathaus. Das mit Möbeln aus der Biedermeierzeit ausgestattete Vorzimmer versetzt Brautpaar und Gäste bereits vor der Zeremonie in feierliche Stimmung. Im Trauzimmer beeindruckt die Kuppeldecke, die von acht Marmorsäulen getragen wird.

Zuständiges Standesamt:
Marktplatz 10
69117 Heidelberg
Tel.: 0 62 21/58 18 51

Konstanz: früheres Zunfthaus der Weber und Krämer

Zuständiges Standesamt:
Hussenstraße 13
78462 Konstanz
Tel.: 0 75 31/90 03 70

Wo früher reger Handel betrieben wurde, werden heute nur noch Ringe getauscht: Im ehemaligen Zunfthaus der Weber und Krämer in Konstanz können Sie in historischer Umgebung vor den Standesbeamten treten. Das Trauzimmer beeindruckt durch sein Kreuzgewölbe und die alten, von Hand geschnitzten Eichenmöbel. Für Gäste ist ausreichend Platz vorhanden. Sitzplätze stehen für 20 Personen zur Verfügung, weitere 20 Gäste können der Zeremonie stehend beiwohnen. Wenn Petrus dem Brautpaar wohl gesonnen ist, eignet sich der malerische Innenhof des Zunfthauses für einen Sektempfang.

Oberneuland: Bauernhof „Lür-Kropp-Hof"

Anfragen: Lür-Kropp-Hof
Rockwinkeler Landstraße 5
28355 Bremen
Tel.: 04 21/25 93 62

Wer auf dem historischen Lür-Kropp-Hof in Oberneuland bei Bremen heiratet, hat garantiert Schwein. Allerdings müssen Sie sich keineswegs im Schweinestall das Jawort geben, dafür steht Ihnen vielmehr der so genannte Flett, der ehemalige Wohnraum des Hofes, zur Verfügung. Doch als Glücksbringer können Sie ein Ferkel ganz bestimmt immer gebrauchen! Geheiratet werden kann auf dem Lür-Kropp-Hof übrigens samstags und sonntags. Anschließend können Sie dort zünftig feiern.

Seeon: Kloster

Zuständiges Standesamt
Seeon-Seebruck
Weinbergstraße 6
83370 Seeon
Tel.: 0 86 24/21 55

Zur Heirat ins Kloster gehen? Nichts mag Ihnen in diesem Moment ferner liegen, doch im ehemaligen Benediktinerkloster Seeon (siehe Abbildung) können Sie genau das tun. Idyllisch auf einer Halbinsel im Seeoner See gelegen, bietet das Kloster einen feierlichen Rahmen für Ihre Trauung. Die Ringe werden im 1000 Jahre alten

Klosterkeller getauscht. Zwei Räume stehen den Hochzeitsgesellschaften hier zur Verfügung: ein kleiner für eine Trauung mit 15 Gästen und ein großer, in dem bis zu 150 Personen Platz finden.

Saarbrücken: Rathaus

1897 wurde das neugotische Rathaus von Saarbrücken nach Plänen des Architekten Georg Josef Ritter von Hauberisser erbaut. Im prunkvollen Festsaal werden heute Trauungen durchgeführt. Besonders gut geeignet ist dieses Standesamt für große Hochzeitsgesellschaften.

Zuständiges Standesamt:
Sankt-Johanner Markt
66111 Saarbrücken
Tel.: 06 81/9 05 15 59

Todtmoos: Heimatmuseum „Heimethus"

Über 250 Jahre alt ist das Heimethus in Todtmoos, ein typisches mit Schindeln gedecktes Schwarzwaldhaus. In der gemütlichen guten Stube des Hauses können Verliebte vor bis zu 25 Gästen den Bund fürs Leben schließen.

Zuständiges Standesamt:
Rathaus, St.-Blasier-Straße 2
79682 Todtmoos
Tel.: 0 76 74/848-0

Hochzeit auf dem Wasser

An der Nord- und Ostsee, aber auch auf den großen deutschen Flüssen und Seen können Sie im wahrsten Sinne des Wortes in den Hafen der Ehe einlaufen: Einige Standesämter sind nämlich auf Schiffen untergebracht.

Arendsee: Mississippi-Dampfer

Echtes Südstaaten-Flair können Sie auf dem Arendsee in der Altmark erleben: Dort hat nämlich ein Missisippi-Dampfer angedockt und steht heiratswilligen Paaren dort für den Start ins Eheglück zur Verfügung. Von Mai bis Oktober können Sie hier jeweils an zwei Freitagen im Monat vor den Standesbeamten treten.

Zuständiges Standesamt
Gemeinde Arendsee/Altmark
und Umgebung
Am Markt 3
39619 Arendsee/Altmark
Tel.: 03 93 84/9 76 29

Auch in Hamburg stehen verschiedene Schiffe für Ihre Hochzeit zur Verfügung. Auf dem Schaufelraddampfer „Louisiana Star" können Sie mit 500 Gästen auf der Elbe feiern.

Berlin-Köpenick: Müggelsee

Am Ufer des Müggelsees liegen die Schiffe der Stern- und Kreuzschifffahrt vor Anker. Besonders gut eignen sie sich für große Hochzeitsgesellschaften ab 100 Personen. Die Trauung findet noch im sicheren Hafen statt, auf Wunsch kann sich eine Fahrt auf dem See anschließen. Auch die Gäste werden nach Absprache fürstlich bewirtet.

Bezirksamt Treptow-Köpenick von Berlin
Amt für Bürgerdienste
Standesamt
Postfach 91 92 40
Tel.: 0 30/65 84-26 22 und -26 20

Duisburg: Passagierschiffe

Der größte Binnenhafen der Welt ist in Duisburg zu finden – kein Wunder, dass Schiffe dort nicht nur für den Transport genutzt werden. Auf der MS Wilhelm Lehmbruck, der MS Gerhard Mercator oder der MS Stadt Duisburg können Paare den Bund fürs Leben schließen. Während der Trauung liegt das Schiff am Steiger Schwanentor in der Nähe des Rathauses. Die Gebühr für eine Schiffstrauung beträgt zwischen 350 und 500 DM pro Stunde.

Zuständiges Standesamt:
Duisburg-Mitte
Sonnwall 73
47049 Duisburg
Tel.: 02 03/2 83 21 62

Emden: Museumsschiff

Direkt gegenüber dem Rathaus von Emden liegt das über 80 Jahre alte Museumsfeuerschiff „Deutsche Bucht" vor Anker. In der Kapitänsmesse oder auf der Kommandobrücke können heute gegen eine Gebühr von 150 DM Verliebte in den Hafen der Ehe einlaufen. Bis zu 200 Personen finden auf dem leuchtend roten Schiff Platz. Damit die Ehe auch wirklich allen Elementen trotzt, bekommen die frisch Vermählten einen Trauschein, auf dem Neptun höchstpersönlich bezeugt, dass die Ehe auch in seinem Reich gültig ist. Im Restaurant der „Deutschen Bucht" kann im Anschluss an die Trauung ausgiebig gefeiert werden.

Anfragen: Museumsfeuerschiff
„Deutsche Bucht"
Im Ratsdelft
26721 Emden
Tel.: 0 49 21/2 32 85

Lübeck: Viermastbark

Auf der nostalgischen Viermastbark „Passat" in Lübeck-Travemünde tauschen Sie die Ringe ganz traditionsreich. Das Besondere an einer Hochzeit auf diesem alten Segelschiff: Sie können Hochzeitstag und Hochzeitsnacht hier verbringen. Auf dem Achterdeck ist genug Platz für eine rauschende Party mit bis zu 120 Gästen und danach können 78 Personen in den gemütlichen Kojen nächtigen.

Zuständiges Standesamt:
Ratzeburger Allee 16
23564 Lübeck
Tel.: 04 51/1 22 34 00

Mühlen und Fachwerkhäuser

Romantische und heimelige Heiratsorte sind Windmühlen und Fachwerkhäuser, die zugleich auch einen großartigen Hintergrund für Ihre Hochzeitsfotos abgeben. Einige besonders malerische finden Sie hier aufgelistet.

Anfragen: Hochzeitsmühle „Vergissmeinnicht"
25718 Friedrichskoog
Tel.: 0 48 54/15 60

Friedrichskoog: Windmühle „Vergissmeinnicht"
Eine garantiert unvergessliche Hochzeit werden Sie in der romantischen Mühle „Vergissmeinnicht" feiern – der Name ist hier sozusagen Programm. Hoch oben auf dem Mühlenboden können sich Verliebte zwischen alten Mahlsteinen das Jawort geben. Bis zu 35 Gäste finden auch noch Platz. Anschließend können Sie im Café im Erdgeschoss weiter feiern. Wer möchte, kann sogar seine Hochzeitsnacht in der Mühle verbringen. Der besondere Flair der Windmühle hat sich mittlerweile allerdings herumgesprochen: Eine rechtzeitige Reservierung ist daher dringend angebracht.

Anfragen: Mühlen-Café
25845 Nordstrand
Tel.: 0 48 42/2 14

Hallig Nordstrand: Engelmühle
Von Husum aus erreicht man über einen Damm die Hallig Nordstrand. Kurz vor dem Süderhafen erhebt sich die Engelmühle, die im Jahre 1888 erbaut wurde. Dort können Sie im gemütlichen Hochzeitszimmer den Bund fürs Leben schließen, während draußen die Stürme tosen. Im Mühlensaal können Sie anschließend weiterfeiern, bis zu 60 Gäste finden hier Platz.

Anfragen: Gemeinde Jork
Am Gräfengericht 2
21635 Jork
Tel.: 0 41 62/9 14 70

Jork: Fachwerkhaus
Vor den Toren Hamburgs liegt Jork mit seinem wunderschönen Fachwerk-Rathaus. Hier hat man einen alten Brauch aus dem 18. Jahrhundert wieder aufleben lassen: die Altländer Hochzeitsbank. Die Namen der frisch gebackenen Eheleute werden auf einem Schild verewigt, das auf einer Bank angebracht wird. Diese schmucken, weißen Bänke, auf denen bis zu fünf Paare ihre Namen für die Zukunft bewahren können, werden dann an den schönsten Stellen im Alten Land aufgestellt. Übrigens: Gotthold Ephraim Lessing ehelichte in Jork Eva Catharina Koenig – ein Ereignis, an das die Bank vor dem Rathaus erinnert.

Kappeln: Windmühle „Amanda"

In Kappeln an der Schlei dreht sich die Windmühle „Amanda", die Peter Thomson 1888 erbaute und nach seiner Frau benannte. Mit ihren 30 Metern ist sie die höchste Holländer-Windmühle in Schleswig-Holstein. Bis 1964 wurde hier tatsächlich noch Korn gemahlen, seit 1978 kann man in der Mühle die Ringe tauschen. Das Trauzimmer liegt im dritten der acht Stockwerke, auch die Inneneinrichtung ist noch original erhalten. Da sich die Mühle bei Paaren aus nah und fern großer Beliebtheit erfreut, ist eine frühe Anmeldung unumgänglich.

Zuständiges Standesamt:
Reeperbahn 2
24376 Kappeln
Tel.: 0 46 42/1 83-79

Ein ganz besonderer Ort für Ihre Hochzeit ist das Trauzimmer in der Windmühle „Amanda".

Schalksmühle: Bauernhaus Wippekühl

Etwa 400 Jahre alt ist das Bauernhaus Wippekühl in Schalksmühle. In seiner Ursprünglichkeit ist das alte Fachwerkhaus im Sauerland wohl einmalig. Schon viel Freud und Leid hat dieses unter Denkmalschutz stehende Bauwerk im Laufe seiner Geschichte mit ansehen müssen – sorgen Sie mit Ihrer Hochzeit dafür, dass die guten Zeiten überwiegen! Am knisternden Kaminfeuer können Sie sich hier nämlich ganz romantisch das Jawort geben.

Anfragen: Gemeindeverwaltung
Rathausplatz 1
58579 Schalksmühle
Tel.: 0 23 55/8 40

Ausgefallene Locations

„Schloss, Schiff oder Fachwerkhaus – das machen schon so viele!", mögen manche von Ihnen nun vielleicht denken. Für all diejenigen, die ihrer Hochzeit eine ganz besondere Note verleihen und sie auch für ihre Gäste zum unvergesslichen Erlebnis machen wollen, folgen hier einige ganz spezielle Tipps.

Zuständiges Standesamt
Stadt Saalfeld
Markt 1
07318 Saalfeld/Saale
Tel.: 0 36 71/59 82 78

Zauberhafter Märchendom: Feengrotte in Saalfeld
Im Märchendom der Saalfelder Feengrotte können Sie bei Musik und Kerzenschein ganz romantisch den Bund fürs Leben schließen. Dazu sollten Sie allerdings Frühaufsteher sein, denn schon ab 9.30 Uhr wird die Höhle wieder für den Publikumsverkehr freigegeben. Im Anschluss an die Trauung können Sie eine Fahrt durch die farbenreiche Tropfsteinhöhle unternehmen, müssen dann aber Schleier und Zylinder gegen weniger festliche Schutzhelme austauschen.

Fremdenverkehrsbüro Sonnenbühl
Hauptstraße 2
72820 Sonnenbühl-Undingen
Tel.: 0 71 28/9 25-18

Wie in der Steinzeit: Bärenhöhle in Sonnenbühl
Steinzeitlicher geht es auf der Schwäbischen Alb zu: In der Bärenhöhle bei Reutlingen wurden Knochen von Bären gefunden, die über 20 000 Jahre alt sind. Möge Ihre Ehe ebenso lange halten ...

Zuständig: Standesamt Tiergarten
von Berlin
Kurfürstenstraße 57
10785 Berlin
Tel.: 0 30/39 05-0

Tierische Trauzeugen: Jawort im Berliner Zoo ...
Wer schon immer einmal ein Nilpferd als Trauzeuge haben wollte, kann seinen Bund fürs Leben im Hippoquarium des Berliner Zoos schließen. Alternativ bietet sich auch das Vogelhaus oder das Zooaquarium an.

Anfragen: Zoo Duisburg AG
Mülheimer Straße 273
47058 Duisburg
Tel.: 02 03/3 05 59 12

... oder im Zoo von Duisburg
In Duisburg kann man gegen eine Gebühr von 300 DM ebenfalls eine tierische Hochzeit erleben: Auf Wunsch posiert Elefantendame Khari mit Ihnen auf dem Hochzeitsfoto.

Nach den Sternen greifen: Im Observatorium von Treptow
Einen Stern können Sie Ihrem oder Ihrer Liebsten in Berlin-Treptow zwar nicht vom Himmel holen, doch liegen die Sterne zu-

mindest zum Greifen nah: In der Archenhold-Sternwarte im Treptower-Park werden freitags nachmittags (außer in den Schulferien) Trauungen abgehalten. Wer bei seiner Eheschließung ganz auf die Macht der Sterne vertrauen will, sollte schon 20 Minuten vor dem Trautermin da sein. Experten erläutern Ihnen dann die augenblicklichen Himmelskonstellationen.

Zuständiges Standesamt:
Neue Krugallee 4
12435 Berlin-Treptow
Tel.: 0 30/53 31 42 01

Auf dem Weg in den 7. Himmel: Flugzeug in Stölln

Auf dem Gollenberg in Stölln machte bereits der Flugpionier Otto Lilienthal seine Flugversuche; allerdings stürzte er dabei leider ab. Dieses Schicksal steht Ihnen nicht bevor: Sie können sich in Stölln zwar in einem Flugzeug trauen lassen, doch bleibt die „Lady Agnes", eine alte IL 62, fest auf dem Boden stehen. Trotzdem ist eine Hochzeit im Flugzeug eine schöne Einstimmung auf die Hochzeitsreise! Bis zu 50 Gäste können mit an Bord und Ihrem Jawort zusehen.

Anfragen: Amt Rhinow Standesamt
Lilienthalstraße 3
14728 Rhinow
Tel.: 03 38 75/3 66-0

Über den Wolken: Fliegen in Wismar

In Wismar können Sie ebenfalls im Flugzeug vor den Standesbeamten treten, allerdings heben Sie hier wirklich ab. In der kleinen TP 9 finden neben dem Piloten nur der Standesbeamte und das Brautpaar Platz, der Hochzeitsflug dauert eine Viertelstunde. Das Jawort wird gesprochen, wenn die Maschine über dem Rathaus kreist.

Zuständiges Standesamt:
Am Markt 1
23966 Wismar
Tel.: 0 38 41/25 13 42

Abb. links: Elefantentor des Berliner Zoos; Abb. rechts: Feengrotte in Saalfeld.

Weithin sichtbar: Leuchtturm auf Wangerooge ...

Gut zu Fuß müssen Brautpaare sein, die sich auf der Nordseeinsel Wangerooge das Jawort geben wollen: Es gilt nämlich 161 Stufen zu erklimmen, bis man in der Wachstube des Leuchtturms angekommen ist. Dafür entschädigt dann der herrliche Blick übers Meer und natürlich der Start ins Eheglück.

Zuständiges Standesamt:
Gemeindeverwaltung Wangerooge
Obere Strandpromenade
26486 Wangerooge
Tel.: 0 44 69/9 91 40

... oder Borkum und Pellworm

Auch die Leuchttürme von Borkum (nach Absprache) und Pellworm (freitags) stehen für Eheschließungen zur Verfügung.

Anfragen: Standesamt Borkum
Neue Straße 1
26757 Borkum
Tel.: 0 49 22/30 32 22
Standesamt Pellworm
Uthlandstraße 1
25849 Pellworm
Tel.: 0 48 44/1 89 17

Köstliche Delikatesse aus dem Meer:
Hummer auf Helgoland

Hummer ist eine Delikatesse, die bestimmt auch bei der einen oder anderen Hochzeit gerne auf das Festtagsmenü kommt. Auf Helgoland können Sie sich gleich in einer Hummerbude trauen lassen. Auf dem Weg zum Standesamt werden Sie von Frauen in Original Helgoländer Tracht begleitet, damit Sie auch ja den richtigen Weg zur Hummerbude Nr. 38/39 finden. In dem ehemaligen Haus eines Hummerfängers finden nur wenige Personen Platz, doch entschädigt das liebevoll dekorierte Innere der Kate für die Enge. Nach dem Ringtausch umrundet das Brautpaar im Boot den roten Felsen und läuft dann im wahrsten Sinne des Wortes in den Hafen der Ehe ein.

Zuständiges Standesamt:
Lung Wai 28
27498 Helgoland
Tel.: 0 47 25/8 08 43

Auf Schienen in die Ehe:
Historische Straßenbahn in Braunschweig

In Braunschweig kann viermal pro Jahr in einem historischen Straßenbahnwagen geheiratet werden. Der Triebwagen aus dem Jahre 1897 wurde liebevoll restauriert und gibt mit seinem Festtagsschmuck ein ganz besonderes Hochzeitsgefährt ab. Vom Messegelände geht es los in die City, bei einem kurzen Stopp am Radeklimt werden die Ringe getauscht

Zuständiges Standesamt:
Postfach 33 09
38023 Braunschweig
Tel.: 05 31/4 70 25 69
Frau Sixtus

In luftiger Höhe: Seilbahn in Bad Harzburg

Schwindelfreie Paare können in Bad Harzburg in 371 Meter Höhe den Bund fürs Leben schließen. Nach etwa drei Minuten hält die festlich geschmückte Gondel der Burgberg-Seilbahn an und die Brautleute können die Ringe tauschen. Ganz klar, dass oben an der Bergstation der Sekt zum Anstoßen bereitsteht.

Zuständiges Standesamt:
Forstwiese 5
38667 Bad Harzburg
Tel.: 0 53 22/7 43 15

Ins Glück entschweben: der Kaiserwagen in Wuppertal

Mit dem Kaiserwagen der Wuppertaler Schwebebahn können Sie im wahrsten Sinne des Wortes ins Glück zu zweit entschweben. 1900 unternahm der Kaiser höchstselbst eine Probefahrt in diesem Wagen, heute können Sie für eine Gebühr von 495 DM und 615 DM am Samstag das liebevoll restaurierte Gefährt für eine fürstliche Hochzeit mieten. Während der 13 Kilometer langen Fahrt werden hier die Ringe getauscht.

Zuständiges Standesamt:
Wegnerstraße 7
42275 Wuppertal
Tel.: 02 02/5 63 51 64

Ein edler Tropfen zur Feier:
Im Weinkeller zu Siegburg

Wein, Weib und Gesang: Diese drei Dinge bekommt der glückliche Bräutigam, wenn er im historischen Weinkeller in Siegburg den Bund fürs Leben schließt. Für den authentischen Charakter sorgen unter anderem Weinfässer, Kelter und eine szenische Darstellung der Weinlese. Gegen eine Gebühr von 200 DM werden hier an bestimmten Samstagen Trauungen durchgeführt oder am Donnerstagnachmittag, dann kostet es 100 DM. Wer möchte, kann im Anschluss daran für die Gäste einen Sektempfang buchen.

Zuständiges Standesamt:
Nogenter Platz
53721 Siegburg
Tel.: 0 22 41/10 22 22

Windumtost können Sie auf der Ostfriesischen Insel Wangerooge heiraten. Das Trauzimmer ist oben in der Wachstube des Leuchtturms.

Abb. unten: In Baden-Baden können Sie stilvoll mit der Pferdekutsche vor das Theater fahren, um sich dort Ihr Jawort zu geben.
Abb. rechts: Der Mutterturm in Landsberg am Lech, erbaut 1884–88. Vom Trauzimmer aus haben Sie einen wunderschönen Blick über die historische Altstadt.

In rosaroten Wolken schweben:
Hubschrauber in St. Augustin

Während eines 30-minütigen Rundflugs im Helikopter schließen Sie in St. Augustin den Bund fürs Leben. Ganz billig ist diese außergewöhnliche Trauung allerdings nicht: 670 DM müssen Sie für das himmlische Vergnügen berappen und dazu etwa 150 DM Gebühren für das Standesamt.

Zuständiges Standesamt:
Markt 1
53757 St. Augustin
Tel.: 0 22 41/24 33 12

Bühne frei für das Brautpaar:
Im Theater zu Baden-Baden

Einmal im Rampenlicht stehen – welcher Tag wäre dazu besser geeignet als der Hochzeitstag? In Baden-Baden können Sie sich diesen Wunsch erfüllen und sich im Spiegelsaal des barocken Theaters im Licht des wunderschönen Kronleuchters trauen lassen. Auf Wunsch empfiehlt das Standesamt ortsansässige Hochzeitsagenturen, die dafür sorgen, dass Mitglieder des Schauspielensembles die Zeremonie mitgestalten und Minnesänger der Braut in mittelalterlicher Lyrik huldigen. Die Gebühr für die Miete des festlichen Saales beträgt 500 DM.

Zuständiges Standesamt:
Augustaplatz 1
76530 Baden-Baden
Tel.: 0 72 21/93 21 60

In schwindelnder Höhe:
der Mutterturm in Landsberg

An der Romantischen Straße liegt Landsberg am Lech – könnte es ein besseres Omen für Ihre Hochzeit geben? In einem Park erhebt sich dort der 30 Meter hohe Mutterturm, einst Sommerdomizil des Malers Hubert von Herkommer. Im Turmzimmer fühlen Sie sich dem siebten Himmel gleich etwas näher. Vorher gilt es aber noch, eine enge Wendeltreppe zu überwinden. Lassen Sie sich durch die großartige Aussicht nicht vom Jawort ablenken!

Zuständiges Standesamt:
Katharinenstraße
86899 Landsberg/Lech
Tel.: 0 81 91/12 82 28

Im historischen Park:
Schlossberg in Wirsberg

Offiziell muss eine Trauungszeremonie zwar in geschlossenen Räumen stattfinden, doch im Hochzeitsparadies Wirsberg wird sie auf Wunsch in freier Natur auf dem historischen Schlossberg noch einmal nachvollzogen. Vor den Standesbeamten treten können Sie hier übrigens rund um die Uhr, auch samstags und sogar sonntags.

Anfragen: Gemeindeverwaltung
Sessenreuther Straße 2
95339 Wirsberg
Tel.: 0 92 27/93 20

Luftblasen statt Jawort: Bad Brückenau

Anfragen: Stadtverwaltung
Marktplatz 2
97769 Bad Brückenau
Tel.: 0 97 41/8 04 15

Eine feuchtfröhliche Hochzeit der besonderen Art erwartet Sie in Bad Brückenau: Für ein paar Tausend Mark können Sie das Erlebnisbad „Sinnflut" in Bad Brückenau mieten und den im Standesamt besiegelten Bund fürs Leben unter der Wasseroberfläche später nachvollziehen. Wer sein Brautkleid gegen einen schmucken Neoprenanzug tauschen will, ist hier garantiert an der richtigen Adresse.

Wann es euch gefällt: Bad Brückenau

Anfragen: Stadtverwaltung
Marktplatz 2
97769 Bad Brückenau
Tel.: 0 97 41/8 04 15

Ob um 11.11 Uhr oder um 0.01 Uhr – rund um die Uhr können Sie in Bad Brückenau den Bund fürs Leben schließen. Tabu sind einzig und allein Karfreitag und Weihnachten. Auf dieses ungewöhnliche Arrangement haben sich übrigens auch andere örtliche Hochzeitsdienstleister wie Fotograf oder Friseur eingestellt. Man kann zum Beispiel im Nostalgie-Standesamt heiraten: Die frühere gute Stube des Bürgermeisters wurde originalgetreu nachgebaut, der Bund fürs Leben wird bei Kerzenschein am Esstisch mit Blick aufs Himmelbett geschlossen. Quetschenmusiker sorgen für den passenden musikalischen Rahmen. Wer es elegant und festlich haben möchte, wählt für die Zeremonie den Trausaal.

Unter Tage: Bergwerk in Sondershausen

Zuständiges Standesamt:
Carl-Schroeder-Straße 9
99706 Sondershausen
Tel.: 0 36 32/62 25 47

Bevor Verliebte im thüringischen Sondershausen in den siebten Himmel aufsteigen können, müssen sie sich erst einmal unter die Erde begeben, und zwar 670 Meter tief. Gegen eine Gebühr von 1000 DM können das Brautpaar und etwa 20 Gäste in das Bergwerk einfahren. Das Jawort geben sie sich im Brügmann-Schacht. Darauf folgt eine Fahrt durch das Bergwerk mit dem Jeep oder einem offenen Lkw. Dabei müssen allerdings Schutzhelme getragen werden – nicht jedoch während der Trauzeremonie. Auf die ganz besonders Mutigen wartet noch eine zusätzliche Herausforderung: durch die 52 Meter lange Tunnelrutsche auf die tiefere Sole in den Berg zu gleiten.

Jawort im Heißluftballon: Bad Brückenau

Im Hochzeitsparadies Bad Brückenau können Sie im Heißluftballon in den siebten Himmel entschweben. Ganz klar, dass nur die engsten Verwandten im Ballonkorb Platz finden. Wissen muss man dabei, dass Ballonfahren nur bei schönem Wetter möglich ist. An Ihrem Hochzeitstag darf es daher weder stürmen noch regnen. Sind Sie erst einmal wieder sicher am Boden angekommen, sind Sie nicht nur frisch gebackene Eheleute, sondern – wie bei Ballonfahrten üblich – auch Baron und Baronin der Luftfahrt.

Anfragen: Stadtverwaltung
Marktplatz 2
97769 Bad Brückenau
Tel.: 0 97 41/8 04 15

Eine richtig abgehobene Hochzeit können Sie in einem Heißluftballon feiern. Entschweben Sie in die Lüfte und geben Sie sich dort Ihr Jawort.

Wem alles zu viel wird: Ein Hochzeitsservice hilft

Wem die Organisation seiner Hochzeit zu viel wird, kann die Arbeit in die erfahrenen Hände eines Hochzeitsservices legen. Dieser übernimmt die Planung und Durchführung der Feier von der Versendung der Einladungen bis zu den Dankeskarten. Nur „Ja" sagen müssen Sie noch selbst! Häufig bietet ein Hochzeitsservice auch Ideen für ausgefallene Hochzeiten an. Einige Adressen finden Sie hier aufgelistet:

Creativ Hochzeitsservice
Mozartstraße 8; 78239 Rielasingen; Tel.: 0 77 31/5 33 99
Spezialitäten: Ritterhochzeit, Sissi-Hochzeit, Dogen-Hochzeit in Venedig, Rock'n'Roll-Hochzeit

Hochzeitsservice Marriage Day
Yvonne Köth; Huthmacherstraße 30; 65931 Frankfurt;
Tel.: 0 69/37 10 82 82
oder Michaela Zeller; Herzbergstraße 4a;
61138 Niederdorfelden; Tel.: 0 61 01/53 11 21
Spezialität: Ritterhochzeit, toskanische Hochzeit, afrikanische Hochzeit

Sabines Hochzeitsservice
Am Bornwald 7a; 55124 Mainz; Tel.: 0 61 31/46 71 11
Spezialität: Hochzeiten im Hubschrauber

Hochzeitstraum-Service GmbH
Entennest 2; 73730 Esslingen; Tel.: 07 11/2 56 00 27
Spezialität: Hochzeiten im Zirkuszelt

Kreative Festgestaltung
Gudrun Müller; Eisenbahnstraße 12;
79183 Waldkirch; Tel.: 0 76 81/60 43
Spezialitäten: Hochzeit in der Scheune, Hochzeit am See

Geschenke per *Tastendruck!*

Die gute alte Einrichtung des Hochzeitstisches, der doppelte Geschenke verhindert, kommt hier zu neuen Ehren. Unter www.mi-amor.de vergibt das Brautpaar sein selbst gewähltes Kennwort an alle Schenkwilligen, die sich dann auf einfachstem Weg durch die Wunschliste des Paares klicken, um ihre Glückwünsche mit den gewünschten Geschenken zu bekräftigen. Der Versand erfolgt entweder direkt an das Brautpaar oder an den Besteller. Ein zeitlicher Vorlauf von vier Wochen genügt.

Organisations- und Hochzeitsservice Stöcklin
Wörnbrunner Platz; 781547 München;
Tel.: 0 89/6 90 56 24
Spezialitäten: Orientalische Hochzeit, Hochzeiten beim Fallschirmspringen und auf der Zugspitze, Ritterhochzeit

Die Trauung

Rund um die Trauung

Die ersten Schritte auf dem Weg ins Eheglück haben Sie nun hinter sich gebracht: Zur Eheschließung sind Sie angemeldet, der Hochzeitstermin steht fest, das Standesamt auch und die Einladungen sind bereits verschickt. Doch zurücklehnen können Sie sich erst nach der Hochzeit, denn es gibt noch einiges zu tun. Was soll ich anziehen? Diese Frage wird in den letzten Wochen vor der Trauung immer dringender. Und was steht in der Traurede? Probleme wie diese gilt es rechtzeitig zu lösen.

Die Garderobe

Für die standesamtliche Trauung gibt es keine Kleiderordnung – erlaubt ist, was Ihnen gefällt. Doch selbst wenn Sie am liebsten in Jeans und T-Shirt herumlaufen, sollten Sie doch einmal kurz über die Bedeutung dieses Tages nachdenken. Ein bisschen festlich darf es dann doch durchaus sein! Maßgeblich für den Stil einer Hochzeit ist übrigens immer die Braut. Nach ihr hat sich der Bräutigam zu richten, auch wenn er – nach altem Aberglauben – das Brautkleid vor der Hochzeit nicht sehen darf. Die Braut trägt bei der standesamtlichen Trauung am besten ein klassisches Kostüm oder Kleid, gerne auch einen eleganten Hosenanzug. Der Bräutigam sollte seine Kleidung mit seiner Verlobten absprechen. Denn das zukünftige Ehepaar soll an diesem Tag auch optisch gut zusammenpassen. Für Ihn bietet sich ein dunkler Anzug oder eine Kombination an, eventuell auch schon der Hochzeitsanzug.

Da immer mehr Paare heutzutage auf eine kirchliche Trauung verzichten, können Sie durchaus auch ganz in Weiß auf dem Standesamt antreten. Auch bei Hochzeiten, bei denen standesamtliche und kirchliche Trauung am selben Tag stattfinden, empfiehlt es sich, bereits in „voller Montur" im Standesamt zu erscheinen, da sonst die Zeit zum Umziehen unter Umständen sehr

Kleidung

Für die Trauzeugen und die übrigen Hochzeitsgäste gibt es eigentlich nur eine wichtige Regel: Sie sind nie eleganter gekleidet als das Brautpaar! Informieren Sie deshalb Ihre Gäste rechtzeitig über den Stil der Hochzeit, damit Sie Ihre Gäste nicht in Verlegenheit bringen.

knapp wird. Dann steht Ihnen natürlich die ganze Palette an Brautkleidern offen: Ob Satin oder Spitze, Korsage oder Reifrock, Schleier oder Hut – das liegt ganz an Ihnen! Der Bräutigam braucht seiner Zukünftigen in nichts nachzustehen: Er macht im Frack, Cut, Stresemann oder Smoking eine gute Figur. Eines sollten Sie jedoch bedenken, egal für welche Garderobe Sie sich entscheiden: Sie sollten sich in Ihrem Brautkleid wohl fühlen und es sollte gut sitzen. Sie müssen darin nämlich vielleicht auch tanzen!

Bei Themenhochzeiten ist die Wahl der Kleidung häufig eingeschränkt: Wer sich unter Wasser das Jawort gibt, wird sich nicht mit einem schweren Reifrock belasten wollen und können. Auch in einem Heißluftballon kann ein herum flatternder Schleier durchaus hinderlich sein. Wer seinen Neoprenanzug etwas feierlicher gestalten möchte, kann ihn mit witzigen Accessoires aufpeppen: Schleifen, (wasserfeste) Ansteckblumen oder ein gut befestigter Kranz machen das sportliche Outfit etwas festlicher.

Das Trauzimmer

Falls Sie sich nicht groß nach einem Standesamt umgesehen haben, sondern sich „ganz normal" an Ihrem Heimatort das Jawort geben, sollten Sie sich trotzdem vorher das Trauzimmer zeigen lassen. Manche sind eher nüchtern gehalten, in anderen dagegen kommt fast von selbst feierliche Stimmung auf. Wichtig zu wissen ist auch, wie viele Gäste dort Platz haben; unter Umständen müssen Sie die Zahl derer, die Sie bei Ihrem Jawort dabeihaben möchten, begrenzen. Klären Sie im Vorfeld gleich auch, wie viele Parkplätze zur Verfügung stehen, damit sich Ihre Trauung nicht unnötig verzögert.

Die Trauzeugen

Seit dem 1.7.1998 sind für eine standesamtliche Hochzeit keine Trauzeugen mehr nötig. Stattdessen gibt es bei einigen Standesämtern Hochzeitsbücher, in denen sich alle Gäste verewigen können. Wer den alten Brauch beibehalten möchte, kann jedoch trotzdem vor einem oder zwei Zeugen den Bund fürs Leben schließen. An den Voraussetzungen für die Trauzeugen hat sich dagegen nichts geändert: Sie müssen volljährig sein, einen gültigen Ausweis besitzen (und zur Trauung mitbringen) und geistig und körperlich in der Lage sein, einer Trauung zu folgen. Ausländische Trauzeugen benötigen daher unter Umständen einen Dolmetscher.

Das Traugespräch

Im Traugespräch wird der Ablauf der Zeremonie besprochen. Nicht alle Standesbeamten nehmen sich jedoch dafür Zeit. Oft findet das Traugespräch daher nur wenige Minuten vor der Eheschließung statt. Insbesondere wenn Sie eine individuelle Gestaltung Ihrer Trauung wünschen, sollten Sie den Standesbeamten im Vorfeld um einen Gesprächstermin bitten.

Die Traurede

Gerade wenn Paare nur standesamtlich heiraten, wünschen sie eine individuelle Traurede. Erkundigen Sie sich beim Standesbeamten. Die meisten sind dazu gerne bereit, wenn Sie sie mit den nötigen Fakten aus Ihrem Leben versorgen.

Die Zeremonie

Viele frisch gebackene Ehepaare sind nach der standesamtlichen Trauung ernüchtert – das soll nun alles gewesen sein? In erster Linie ist die Eheschließung nämlich ein bürokratischer Akt. Zeit für Romantik bleibt dabei kaum. Dies beginnt manchmal schon im Warteraum vor dem Trauzimmer. Dort treffen oft mehrere Hochzeitsgesellschaften aufeinander und warten darauf, wer als Nächstes an der Reihe ist.

Im Trauzimmer angekommen, nimmt der Standesbeamte zuerst die Personalien des Brautpaares auf (Personalausweis also nicht vergessen!), und dann kann es auch schon losgehen. Es folgt die Traurede. Manchmal die Standardversion, manchmal eine individuelle Rede – je nachdem, wie intensiv Sie sich im Vorfeld mit dem Standesbeamten zusammengesetzt haben. Dann kommt auch schon der Höhepunkt der Zeremonie: Der Standesbeamte befragt die Verlobten nacheinander, ob sie miteinander die Ehe

eingehen wollen. Antworten müssen Sie darauf übrigens mit einem „Ja"; ein „Natürlich", „Na klar" oder „Selbstverständlich" reicht nicht aus. Ein bisschen feierlicher und weniger einsilbig können Sie Ihr Jawort mit einem „Ja, ich will" oder „Ja, gerne" gestalten, meinetwegen auch mit „Ja, klar" – Hauptsache, das Wörtchen „Ja" ist in Ihrer Antwort enthalten. („Ja, leider" klingt allerdings nicht so gut!)

Die große Bedeutung des Wortes „Ja" hat einen guten Grund: Die Eheschließung gilt nämlich mit dem Jawort, nicht etwa erst mit Ihrer Unterschrift. Nach dem „Ja" erklärt Sie der Standesbeamte für verheiratet, verliest ein Protokoll der Trauung, und Braut, Bräutigam und eventuelle Trauzeugen unterschreiben die Heiratsurkunde. Häufig dauert diese Zeremonie nicht länger als zehn bis 20 Minuten.

Standesamtlich und trotzdem individuell

Da immer mehr Paare nur vor dem Standesbeamten den Bund fürs Leben schließen, sind die Standesämter mittlerweile auf eine festliche und feierliche Gestaltung der Trauung eingestellt. Setzen Sie sich rechtzeitig mit dem Standesbeamten in Verbindung, um zu klären, was alles möglich ist.

Musik

Musik ist immer eine gute Möglichkeit, eine Trauung ganz persönlich zu gestalten. Wie wäre es zum Beispiel mit einem Gitarrenduo oder einem Streichquartett, das die Zeremonie musikalisch umrahmt? Oder singen Sie oder einer Ihrer Freunde zufällig in einem Chor? Vielleicht ist dieser ja bereit, Ihre Hochzeit mit einem kurzen Auftritt festlicher zu gestalten.

Planung

Sie haben viele Möglichkeiten, Ihre Trauung auf dem Standesamt feierlich und individuell zu gestalten. Wichtig ist, dass Sie sich rechtzeitig Gedanken darüber machen, wie alles ablaufen sollte und dass alle Beteiligten informiert sind.

Manche Standesämter halten auch Musik „aus der Konserve" bereit, um einer Trauung einen festlicheren Rahmen zu verleihen. Wagners „Hochzeitsmarsch" ist dafür nur ein Beispiel – die Palette der passenden musikalischen Begleitung ist sehr groß. Wenn Ihnen all dies jedoch zu kompliziert ist, können Sie auch ganz einfach einen Kassettenrekorder oder tragbaren CD-Spieler mitbringen und „Ihr" Lied spielen. So wird Ihr Jawort ganz persönlich.

Hier einige musikalische Anregungen:

- **Klassik**
  F. Schubert: Ave Maria
  R. Wagner: Hochzeitsmarsch
  L. van Beethoven: 5. Sinfonie
  A. Vivaldi: Die vier Jahreszeiten
  M. Ravel: Bolero
  W. A. Mozart: Ave verum

- **Pop**
  Elton John: Kiss the bride
  The Beatles: All you need is love
  Wet wet wet: Love is all around
  Elvis Presley: Love me tender
  Roy Black: Ganz in Weiß
  Whitney Houston: I will always love you

Ringtausch

Gerade wenn man nicht mehr kirchlich heiratet, bietet es sich an, auf dem Standesamt die Ringe zu tauschen. Sprechen Sie vorher mit dem Standesbeamten, damit er den Ringtausch in die Zeremonie mit aufnehmen kann. Ein guter Augenblick ist unmittelbar nachdem Sie „Ja" gesagt haben. Durch diesen großen Moment wird die standesamtliche Trauung natürlich gleich etwas feierlicher.

Blumenschmuck

Ein eher nüchtern eingerichtetes Trauzimmer lässt sich durch Blumenschmuck immer festlich gestalten. Sprechen Sie dies am besten mit dem Standesbeamten ab, sodass der Schmuck ins Trauzimmer gelangen kann, ohne dass das vorhergehende Brautpaar gestört wird.

Sektempfang

Viele Standesämter setzen die frisch gebackenen Eheleute nicht einfach gleich wieder vor die Türe, sondern stellen den Flur, das Foyer oder den Innenhof für einen kleinen Sektempfang zur Verfügung. So können alle Anwesenden gleich auf das Brautpaar anstoßen.

Erste Fahrt als Eheleute

Wer das Besondere liebt, kann sich nach der Trauung vor dem Standesamt auch von einer romantischen Kutsche, einem Oldtimer oder einer Luxuslimousine abholen lassen.

HENKELL
TROCKEN

Hochzeitsbräuche

Um eine Hochzeit ranken sich eine Vielzahl uralter Bräuche und Traditionen, die teilweise im Volks- und Aberglauben wurzeln. Ihr Ziel ist es, böse Geister abzuwehren und die Ehe fruchtbar und glücklich zu machen. Viele dieser Bräuche lassen sich auch bei einer standesamtlichen Trauung gut einsetzen.

Beispiele sind:

- **Spalier:** Freunde, Kollegen und Verwandte des Brautpaares stehen vor dem Standesamt Spalier. Dabei bilden sie mit Besen, Fahnen, Golfschlägern, Blumenbogen o. Ä. eine Art Tunnel vor dem Ausgang des Standesamtes. Wenn das Brautpaar das Gebäude verlässt, muss es zunächst ein aufgespanntes Satinband zerschneiden und sich dann einen Weg durch den Tunnel bahnen. Diese alte Tradition symbolisiert die Hindernisse und Stolpersteine, die es im Laufe einer Ehe zu überwinden gilt.
- **Baumstammsägen:** Auch dabei sollen symbolisch die Hindernisse in einer Ehe überwunden werden. Hier ist es ein dicker Baumstamm, der dem Brautpaar den Weg versperrt und zersägt werden muss. So demonstriert das frisch gebackene Ehepaar gleich einmal seine neue gemeinsame Stärke. Unbedingt vonnöten ist hier natürlich eine Bogensäge, mit der zu zweit gesägt werden kann.
- **Reis werfen:** Für Fruchtbarkeit und Kindersegen steht der Brauch des Reiswerfens, der ursprünglich aus Asien stammt. Wegen der Rutschgefahr und der Verschwendung von Nahrungsmitteln wird dies von vielen Standesämtern aber nicht gern gesehen. Weichen Sie stattdessen auf umweltfreundlicheres Konfetti aus!
- **Luftballons/Tauben:** Eine schöne Idee ist es auch, vor dem Standesamt Luftballons steigen zu lassen oder – als Symbol für Glück und Frieden – weiße Tauben fliegen zu lassen. Fragen Sie doch einmal beim örtlichen Taubenzüchterverein – vielleicht kann man Ihnen dort die eine oder andere Brieftaube zur Verfügung stellen!

Überraschungen

Die geladenen Freunde und Verwandten wollen häufig das jung vermählte Paar mit eigenen, ausgefallenen Ideen überraschen. Da können und sollen Sie nichts planen – lassen Sie es einfach auf Sie zukommen und genießen Sie alles.

Namensrecht und Ehevertrag

Das Namensrecht

Mit dem 1. April 1994 hat sich im deutschen Namensrecht einiges geändert. Es wird nicht mehr automatisch der Name des Mannes zum Familiennamen: Ein angehendes Ehepaar hat mehrere Möglichkeiten. Grundsätzlich können Paare bei der Eheschließung einen gemeinsamen Familiennamen wählen oder jeweils ihre ursprünglichen Namen beibehalten. Auch Doppelnamen sind möglich, nicht jedoch als Familienname. Spätestens mit der Geburt des ersten Kindes muss jedoch für dieses und weitere Kinder ein Familienname festgelegt werden.

Entschließt sich das Paar für einen gemeinsamen Familiennamen, so können Sie entweder den Namen der Frau oder den des Mannes wählen. Einer der beiden Partner kann seinen alten Namen noch zusätzlich mit einem Bindestrich dem Familiennamen voranstellen oder anhängen. Dies können Sie auch erst nach der Trauung festlegen. Ihre Kinder erhalten dann den gewählten Familiennamen, Doppelnamen sind für sie nicht möglich. Sie können aber auch beide Ihre ursprünglichen Namen behalten, Doppelnamen sind dann allerdings nicht möglich. Spätestens bei der Geburt des ersten Kindes müssen Sie jedoch einen Familiennamen festlegen. Diesen erhalten dann auch alle weiteren Kinder. Doppelnamen für Kinder sind auch hier nicht zulässig.

Vormundschaftsgericht

Sollten sich die beiden Partner nicht über den Nachnamen ihres Kindes einigen können, legt das Vormundschaftsgericht diesen fest.

Geschiedene können ihren alten Ehenamen zwar behalten und müssen nicht zu ihrem Geburtsnamen zurückkehren, doch kann dieser Name nicht gemeinsamer Familienname werden. Nicht möglich sind Dreifachnamen. Heiratet Frau Schmidt-Huber einen Herrn Maier, so kann sie sich Maier nennen oder einen der beiden alten Namensbestandteile behalten: Sie heißt dann Schmidt-Maier, Maier-Schmidt, Huber-Maier oder Maier-Huber. Bei binationalen Ehen ist der Name der zukünftigen Eheleute nach einem der beiden Heimatrechte der Partner zu wählen.

Die Namenswahl

Damit all dies nicht gar so theoretisch klingt, hier ein Beispiel: Michael Schmidt heiratet Sabine Huber. Für die beiden gibt es nun folgende Möglichkeiten.

- *Sie wählen Schmidt als Familienname. Das Ehepaar heißt nun Michael Schmidt und Sabine Schmidt, ihre Kinder heißen ebenfalls Schmidt.*
- *Sie wählen Huber als Familienname. Das Ehepaar heißt nun Michael Huber und Sabine Huber, ihre Kinder heißen ebenfalls Huber.*
- *Sabine nimmt Michaels Name an, möchte auf ihren aber nicht verzichten. Sie heißt nun Schmidt-Huber oder Huber-Schmidt, die Kinder heißen nur Schmidt.*
- *Michael nimmt Sabines Name an, möchte auf seinen aber nicht verzichten. Er heißt nun Schmidt-Huber oder Huber-Schmidt, die Kinder tragen den Familiennamen Huber.*
- *Sabine und Michael behalten beide ihre Namen und heißen weiterhin Sabine Huber und Michael Schmidt. Bei der Geburt des ersten Kindes müssen sie sich auf einen Familiennamen einigen, der entweder Huber oder Schmidt sein kann. Auch alle weiteren Kinder tragen diesen Namen.*

Österreich

In Österreich wird ein gemeinsamer Familienname gewählt. Der Partner, dessen Name nicht gewählt wird, kann seinen Geburtsnamen dem neuen Namen mit einem Bindestrich voranstellen. Aber auch eine getrennte Namensführung ist möglich.

Schweiz

Der Name des Ehemannes wird in der Schweiz Familienname, die Frau kann ihren Geburtsnamen mit einem Bindestrich dem Familiennamen voranstellen. Eine betreffende Erklärung muss dem Zivilstandsamt spätestens bei der Trauung vorliegen. Die Kinder erhalten automatisch den Familiennamen. In bestimmten Fällen kann auch der Name der Frau Familienname werden, die Voraussetzungen hierfür sind von Kanton zu Kanton verschieden.

Mit welchem Pass in die Flitterwochen?

Wenn sich bei einem Partner durch die Hochzeit der Name ändert und Sie gleich nach der Heirat in die Flitterwochen entschweben wollen, müssen Sie selbst einen neuen Pass oder Personalausweis beantragen. Dazu wird eine Bescheinigung über die Anmeldung der Eheschließung benötigt (mit voraussichtlicher Namensführung). Dann bekommen Sie am Hochzeitstag gleich ihre neuen Papiere. Oder Sie buchen die Reise noch auf den alten Namen und beantragen erst nach der Rückkehr Ihre neuen Papiere.

Der Ehevertrag

Zugegeben: Niemand denkt bei seinen Hochzeitsvorbereitungen gerne an eine mögliche Trennung oder Scheidung. Doch angesichts der Tatsache, dass in Deutschland heute jede dritte Ehe in die Brüche geht, ist Nachdenken durchaus angebracht. Ratsam ist ein Ehevertrag unter Umständen bei binationalen Ehen, so zum Beispiel mit Angehörigen islamischer Länder. Dort können nämlich Rechte wirksam werden, die den Vätern die alleinige elterliche Gewalt über die Kinder zusichern.

Vertrag trotz Verliebtheit

Welche Punkte des Zusammenlebens wie vertraglich geregelt werden, müssen die beiden Partner gewissenhaft festlegen – sodass sie auch dann für beide Seiten zufrieden stellend sind, sollten sich die Gefühle füreinander eines Tages ändern.

Abschließen können Sie einen Ehevertrag sowohl vor der Heirat als auch während der Ehe. Ein solcher Vertrag endet in der Regel mit der Scheidung. Sie können ihn jedoch zu jedem beliebigen Zeitpunkt auch selbst auflösen.

Grundsätzlich können in einen Ehevertrag alle Punkte aufgenommen werden, die das eheliche Zusammenleben regeln, also auch die Aufteilung der Hausarbeit oder erbrechtliche Vereinbarungen. Absurde Regelungen – wie zum Beispiel die Vereinbarung, dass die Frau ihrem Mann einmal pro Woche seine Leibspeise kocht – sind allerdings nicht einklagbar. Wichtigster Bestandteil eines Ehevertrages sind normalerweise finanzielle Dinge, und das aus einem einfachen Grund: Das deutsche Ehe- und Scheidungsrecht basiert immer noch auf der so genannten „Hausfrauenehe", das heißt: Man geht davon aus, dass beide Partner bei der Eheschließung jung und relativ mittellos sind und der Mann das Geld verdient, während sich die Frau um die berühmten drei Ks kümmert: Küche, Kinder, Kirche. Da dieses Familienmodell heutzutage größtenteils überholt ist, empfiehlt sich in bestimmten Fällen ein Ehevertrag.

Ohne Vertrag: die Zugewinngemeinschaft

Ohne Ehevertrag gilt automatisch der Güterstand der Zugewinngemeinschaft. Aktuell ist dies bei 90 Prozent der Ehepaare der Fall. Konkret bedeutet dies, dass jenes Vermögen, das Mann und Frau jeweils mit in die Ehe bringen, nicht gemeinsames Vermögen wird. Auch ein während der Ehe erworbenes Vermögen eines Ehepartners wird nicht automatisch gemeinsames Vermögen, vielmehr behält jeder Partner das Eigentum an seinem Vermögen. Kommt es jedoch zur Trennung, findet ein Zugewinnausgleich statt. Das heißt, das Vermögen, welches beide Eheleute während der Ehe dazu gewonnen haben, wird zwischen beiden Partnern zu gleichen Teilen aufgeteilt.

Gütertrennung

Um diesen Güterstand für Ihre Ehe festzulegen, benötigen Sie einen notariellen Ehevertrag. Hier werden beide Partner vermögensrechtlich eingeschätzt, als ob sie überhaupt nie verheiratet gewesen wären. Jeder Partner behält also das Vermögen, das er mit in die Ehe gebracht hat und das er während der Ehe erworben hat. Nachteilig ist diese Regelung, wenn ein Partner nicht berufstätig ist. Er steht dann unter Umständen bei einer Trennung mit leeren Händen da. Günstig ist Gütertrennung dagegen, wenn beide Ehepartner bei der Eheschließung bereits Vermögen haben.

Die Kosten

Wie hoch die Rechnung des Notars sein wird, hängt davon ab, welchen Gegenstandswert der Ehevertrag beinhaltet.

Gütergemeinschaft

Auch für diesen Güterstand ist eine notarielle Vereinbarung nötig, allerdings ist er heutzutage eher selten. Gütergemeinschaft bedeutet, das die Vermögen der beiden Ehepartner zu einer Einheit verschmelzen. Dies gilt auch für Schulden, der eine Partner ist also – auch bei einer Scheidung – voll für die Schulden des anderen haftbar. Günstig ist die Gütergemeinschaft nur für Leute, die überhaupt kein eigenes Einkommen haben.

Zum gleichen Themenbereich sind im FALKEN Verlag u. a. erschienen:
Susan Lippe, Alte und neue Hochzeitsbräuche (7623)
Susan Lippe, Wir heiraten – Verlobung, Trauung, Hochzeitsfeier (7451)
Susanne Ahrndt, Hochzeitsfeiern planen und gestalten (1628)
Yvonne Thalheim, Hochzeitszeitungen mit Pfiff (2279)
Franz Rieder, Gedichte, Reden und Sketche für grüne, silberne und goldene Hochzeitstage (2284)
Hanns Erfurth/Elvira Torni, Das Brautpaar lebe hoch! (2296)

Sie finden uns im Internet: **www.falken.de**

Dieses Buch wurde auf chlorfrei gebleichtem und säurefreiem Papier gedruckt.

Der Text dieses Buches entspricht den Regeln der neuen deutschen Rechtschreibung.

ISBN 3 8068 2767 2

Umschlaggestaltung: Rincón² Design & Produktion GmbH, Köln
Redaktion: Dr. Magda Antonic, MediText, Stuttgart
Layout und DTP: Karolina Stuhec-Meglic, MediText, Stuttgart
Korrektur: Karl Beer, MediText, Stuttgart
Koordination: Winfried Schindler
Fotos: Bahamas Tourist Office (1); Creativ Hochzeits Service (1); Digital Vision (1); Fremdenverkehrsamt Las Vegas (4); Fürstenberg Design (2); John Foxx (1); MEV (2); Michael Sondermann, Presseamt der Bundesstadt Bonn (1); Photo Alto (6); Photo Disc (3); Project Photos (1); Pronuptia (1); Pulm, Bernd (1); Reiner Abicht/Elbreederei GmbH (1); Schloss Sababurg (2); Silvestris: H. Heine (2), O. Stadler (1), W. Korall (1), Werner (1), Bochow (1), Walz (1), Jokel (1); Sohn, Ariane (2); Standesamt Amrum (1); Tourismus und Kongressmanagement Fulda (1); Werner Waldmann (20)

Druck: Appl, Wemding

817 2635 4453 6271